Impressum
Verlag: BABADADA GmbH, Nedderfeld 112 , 22529 Hamburg
Geschäftsführer / Verlagsleitung: Harald Hof
Druck: Books on Demand GmbH, In de Tarpen 42, 22848 Norderstedt

Imprint
Publisher: BABADADA GmbH, Nedderfeld 112 , 22529 Hamburg, Germany
Managing Director / Publishing direction: Harald Hof
Print: Books on Demand GmbH, In de Tarpen 42, 22848 Norderstedt

school
قوتابخانە

classroom
پۆل
divide
دابەشکردن
186/2
board
تەختە
teacher
مامۆستا
paper
کاغەز
write
نووسین
pen
پێنووس
desk
مێزی نووسین
ruler
خەتکێش
book
کتێب
pupil
خوێندکار

satchel

چەواڵ

pencil case

جانتای پێنووس

pencil

پێنووس

pencil sharpener

تیژکەرەوەی پێنووس

rubber

ڕەشکەرەوە

drawing pad

پەدی نیگارکێشان

2

drawing

نیگارکێشان

paintbrush

فڵچەی ڕەنگ

paint box

قوتووی ڕەنگ

scissors

مەقەست

glue

چەسپی کەتیرە

exercise book

کتێبی ڕاهێنان

homework

کاری ماڵەوە

12

number

ژمارە

2+2

add

زیدەکردن

5-2

subtract

کەمکردن

2×2

multiply

لێکدان

calculate

حسابکردن، ژماردن

A

letter

پیت

ABCDEFG
HIJKLMN
OPQRSTU
VWXYZ

alphabet

ئەلفوبێ

hello

word

وشە

text

نووسراوه، دەق

read

خوێندنەوه

chalk

گەچ

lesson

خول، دەرس

register

تۆماركردن

exam

ئەزموون، تاقیكردنەوه

certificate

بڕوانامه

school uniform

جلی قوتابخانه

education

پەروەرده

encyclopedia

زانیاری نامه

university

زانكۆ

microscope

میكرۆسكۆپ

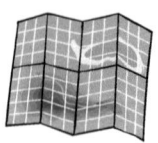

map

خەریتە، نەخشه

waste-paper basket

سەبەتەی كاغەز

hotel
میوانخانە، هۆتێل
hostel
میوانخانە
bureau de change
نووسینگەی گۆڕینەوەی دراو
car
ئۆتۆمۆبیل

language
زمان

yes / no
بەڵێ / نەخێر

Okay
باشە

hello
سڵاو

translator
وەرگێڕی دەق

Thank you
سپاس

how much is...?

....

بەچەندە ...؟

I do not understand

....

من تێناگەم

problem

....

کێشە

Good evening!

....

ئێوارە باش!

Good morning!

....

بەیانی باش!

Good night!

....

شەو باش!

bye bye

....

ماڵئاوا، بەخێرچی

direction

....

ئاراستە، ڕێڕەو

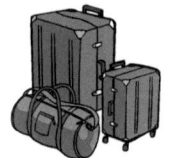

luggage

....

جانتا

bag

....

جانتا

backpack

....

کۆڵەپشتی

guest

....

میوان

room

....

ژوور، دیو

sleeping bag

....

کیسەخەو

tent

....

چادر، دەوار

tourist information

زانیاری بۆ گەشتیار

beach

کەناراو

credit card

کارتی قەرز

breakfast

نانی بەیانی

lunch

نانی نیوەڕۆ

dinner

نانی شەو

ticket

بلیت

lift

ئاسانسۆر

stamp

پوول، تەمر

border

سنوور

customs

گومرک

embassy

باڵوێزخانە

visa

ڤیزا

passport

پاسەپۆرت

transport
گواستنەوە

aeroplane
فڕۆکە
ship
کەشتی
fire engine
مەکینەی ئاگرکوژێنەوە
truck
لۆری
bus
پاس
motorboat
بەلەمی ماتۆڕی
bike
دووچەرخە، پایسکل
car
ئۆتۆمۆبیل

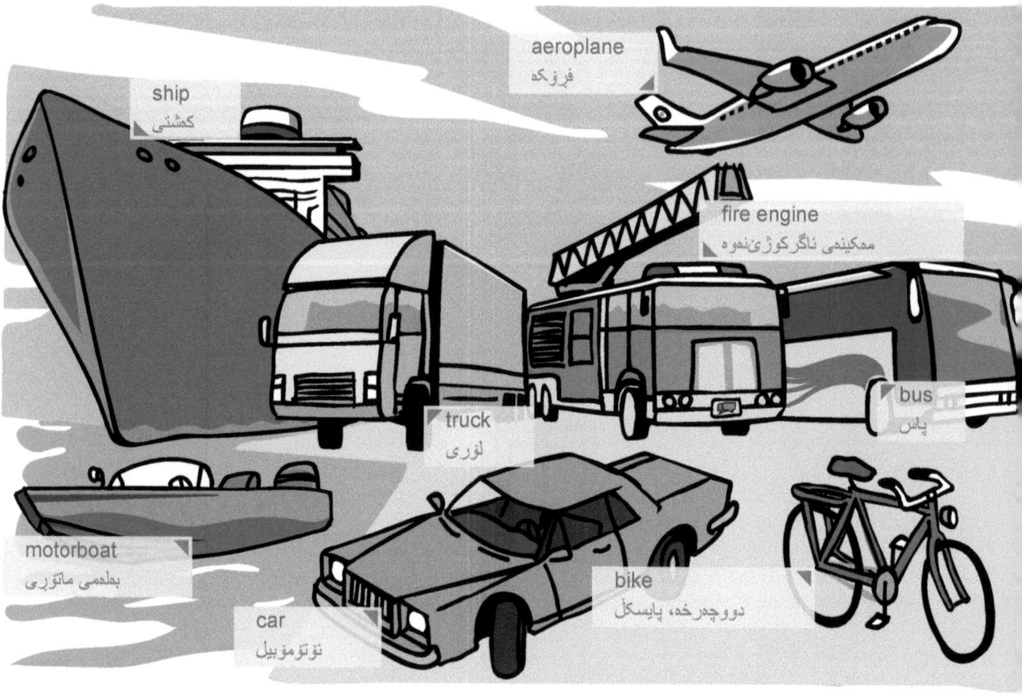

ferry

کەشتی گواستنەوە

boat

بەلەمی ماتۆڕی

motorbike

ماتۆڕ

police car

ئوتومبێلی پۆلیس

racing car

ئوتومبێلی پێشبڕکێ

rental car

ئۆتۆمۆبیلی کرێ

car sharing

....

ئۆتۆمۆبیل هاوبەشکردن

breakdown truck

....

لۆری ڕاکێشکردن

refuse truck

....

لۆری زبڵ

motor

....

ماتۆڕ

fuel

....

سووتەمەنی

petrol station

....

وێستگەی بەنزین

traffic sign

....

تابڵۆی هاتووچۆ

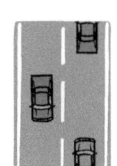

traffic

....

هاتووچۆ

traffic jam

....

ترافیک

car park

....

شوێنی ڕاگرتنی ئۆتۆمۆبیل

train station

....

وێستگەی شەمەندەفەر

tracks

....

هێڵی ئاسن

train

....

شەمەندەفەر

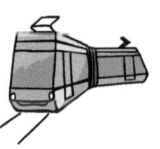

tram

....

قەتاری سەرشەقام

carriage

....

داشقە

helicopter

هەلیکۆپتەر

airport

فڕۆکەخانە

tower

بورج

passenger

نەفەر

container

دەفر، کانتینەر

carton

کارتۆن

cart

داشقە

basket

سەوەتە

take off / land

هەڵفڕین / نیشتن

city

شار

village

گوند، دێهات

city centre

ناوەندی شار

house

ماڵ، خانوو

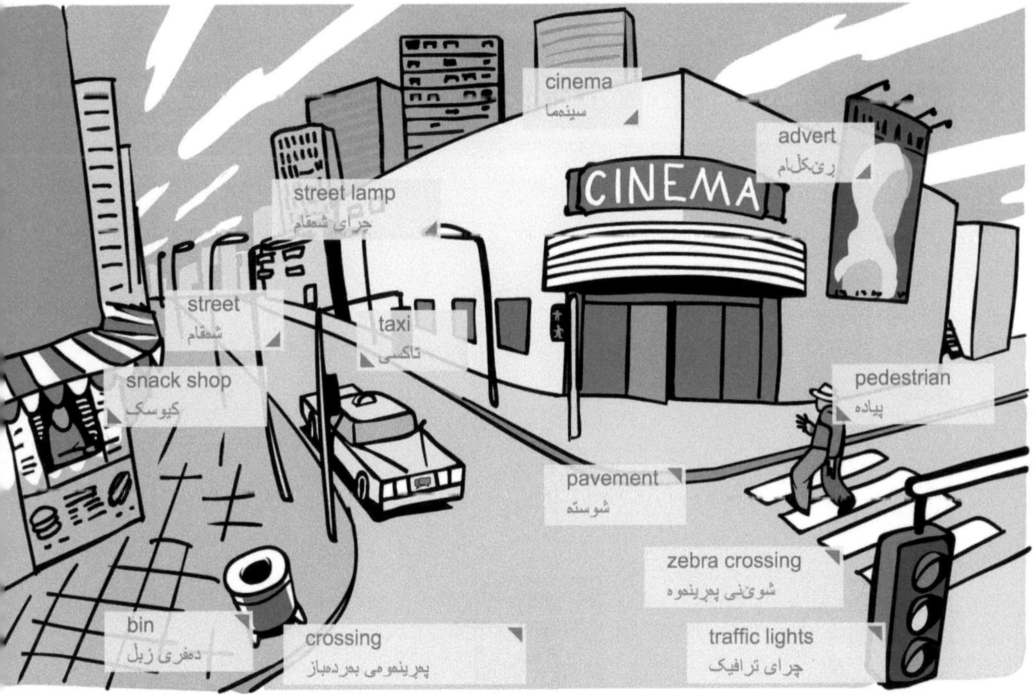

cinema — سینەما

advert — ڕێکلام

street lamp — چرای شەقام

street — شەقام

taxi — تاکسی

snack shop — کیوسک

CINEMA

pedestrian — پیادە

pavement — شۆستە

zebra crossing — شوێنی پەڕینەوە

bin — دەفری زبڵ

crossing — پەڕینەومی بەردەباز

traffic lights — چرای ترافیک

hut

خانووچکە

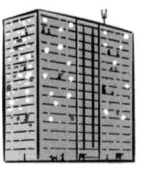

flat

نهۆم، باڵەخانە

train station

وێستگەی شەمەندەفەر

town hall

کۆشکی شارەوانی

museum

مۆزەخانە

school

قوتابخانە

university

زانکۆ

bank

بانک

hospital

نەخۆشخانە، خەستەخانە

hotel

میوانخانە، هۆتێل

pharmacy

دەرمانخانە

office

نووسینگە، فەرمانگە

book shop

کتێبفرۆشی

shop

دووکان

florist's

گوڵفرۆشی

supermarket

سوپەرمارکێت

market

بازاڕ

department store

فرۆشگا

fishmonger's

ماسیفرۆش

shopping centre

ناوەندی کڕین

harbour

بەندەر

park

پارک،

bench

کورسی، دریژ

bridge

پرد

stairs

پێ پیلکان

underground

ژێرزەوی

tunnel

تونێل

bus stop

وێستگەی پاس

bar

مەیخانە

restaurant

رێستۆرانت

postbox

سندووقی پۆست

street sign

تابلۆی شەقام

parking meter

پێوەری پارکینگ

zoo

باخچەی ئاژەڵان

swimming pool

حەوزی مەلە

mosque

مزگەوت

شار - city   13

farm

مەزرا

pollution

پیسبوونی ژینگە

graveyard

قەبرستان، گۆرستان

church

کەنیسە

playground

شوێنی یاری

temple

پەرستگا

landscape

دیمەن

signpost
تابلۆی ڕێنیشاندەر

way
ڕێگا

meadow
مێرگ

stone
بەرد

tree
دار

hiker
شاخەوان

river
ڕووبار، چەم

grass
گژوگیا

flower
گوڵ

valley

دۆڵ، شیو

hill

بەرزایی

lake

دەریاچە

forest

دارستان

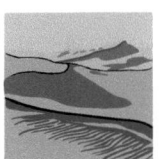

desert

چۆڵەوار

volcano

بورکان

castle

قەڵا

rainbow

کۆلکەزێڕینە

mushroom

کارگ

palm tree

دارخورما

mosquito

مێشوولە

fly

مێشوولە

ant

مێروولە

bee

مێش هەنگوین

spider

جاڵجاڵووکە

beetle

قالۆنچە

frog

بۆق

squirrel

سمۆرە

hedgehog

ژیشک

hare

کەرویشکە کێوی

owl

کوند

bird

باڵەندە

swan

قازی سپی

boar

بەرازی کێوی

deer

ئاسک

moose

بزنە کێوی

dam

بەنداو

wind turbine

تۆربینی با

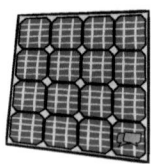

solar panel

پەڕەی خۆری

climate

ئاوو هەوا

restaurant

ڕێستۆرانت

waiter
خزمەتکار
menu
لیستە، پێڕست
chair
کورسی
soup
سووپ، شۆرباو
pizza
پیتزا
cutlery
چەقۆ و چەتاڵ
tablecloth
سفرە

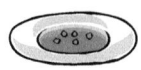

starter

خواردنی دەستپێک

main course

خواردنی سەرەکی

dessert

دێسێر

drinks

خواردنەوە

food

خواردن

bottle

بوتڵ

fast food

خواردنی خێرا

street food

خواردنی سەرشەقام

teapot

قۆری

sugar bowl

قوتووی شەکر

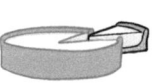

portion

بەش

espresso machine

ئامێری سازکردنی قاوەی ئێسپرەسۆ

high chair

کورسی بەرز

bill

تێچوو

tray

کەشەف

knife

چەقۆ

fork

چنگاڵ

spoon

کەوچک

teaspoon

کەوچکی چا

serviette

دەسماڵ

glass

لیوان پەرداخ

plate

قاپ، دەوری، دەفر

soup plate

قاپی شۆرباو

saucer

ژێرپیاڵە

sauce

سۆس

salt pot

خوێدان

pepper mill

هارەری بیبار

vinegar

سرکە

oil

ڕۆن

spices

بەهارات

ketchup

دۆشاوی تەمات، سۆسی تەماتە

mustard

سۆسی موستارد

mayonnaise

سۆسی مایۆنێز

supermarket

سوپەرمارکێت

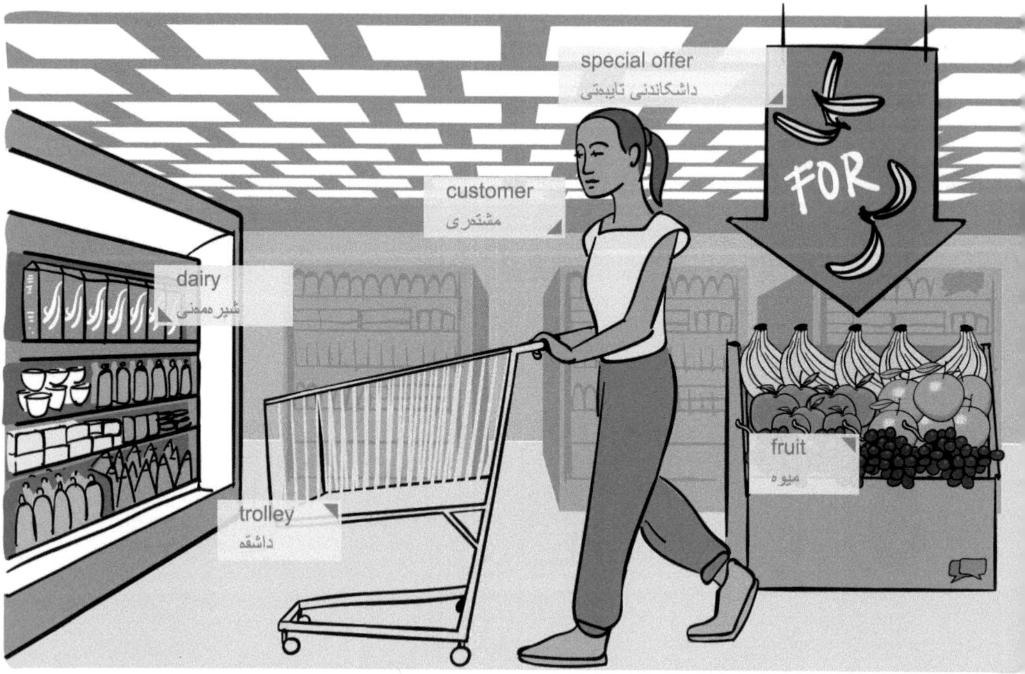

special offer
داشکاندنی تایبەتی
customer
مشتەری
dairy
شیرەمەنی
fruit
میوە
trolley
داشقە
FOR

BUTCHERS

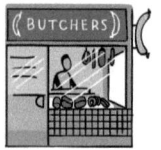

butcher´s
دووکانی قەسابی

BAKERY

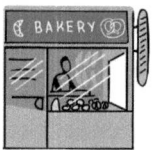

baker´s
نانەواخانە

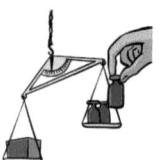

weigh
کێشان

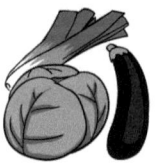

vegetables
سەوزی

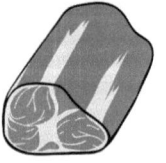

meat
گۆشت

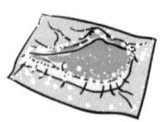

frozen food
خواردنی بەستوو

cold meat

....

گۆشتی سارد

tinned food

....

خواردنی کۆنسێرو

washing powder

....

دەرمانی بشۆر

sweets

....

شیرینی

household products

....

بەرهەمی خۆماڵی

cleaning products

....

بەرهەمی خاوێنکردنەوە

salesperson

....

فرۆشیار

till

....

ژمێرەر

cashier

....

ژمێریار، خەزەندار

shopping list

....

لیستی کڕین

opening hours

....

کاتی دەوام

wallet

....

کیسەباخەڵ، جزدان

credit card

....

کارتی قەرز

bag

....

توورەکە، کیسە

plastic bag

....

توورەکە

drinks

خواردنەوە

water

ئاو

juice

شەربەت

milk

شیر

coke

خەڵووز

wine

شەراب

beer

بیرە

alcohol

ئەڵکوڵ

cocoa

کاکاو

tea

چایی، چا

coffee

قاوە

espresso

قاوەی ئێسپرەسۆ

cappuccino

کاپۆچینۆ

banana

مۆز

apple

سێو

orange

پرتەقاڵ

melon

کاڵەک

lemon

لیمۆ

carrot

گێزەر

garlic

سیر

bamboo

حەیزەران

onion

پیاز

mushroom

کارگ

nuts

سەموونە، گوێز، ناوکە

noodles

نوودڵ

spaghetti
....
ماکارۆنی

rice
....
برینج

salad
....
زەلاتە

chips
....
چپس

fried potatoes
....
پەتاتەی برژاو، پەتاتەی سوورۆکراو

pizza
....
پیتزا

hamburger
....
هەمبرگێر

sandwich
....
ساندویچ، دۆندرمە

cutlet
....
پارچە گۆشت

ham
....
گۆشتی بەراز

salami
....
گۆشتی بەراز

sausage
....
سۆسیس

chicken
....
مریشک

roast
....
برژاندن، نرژان

fish
....
ماسی

porridge oats

شۆرباوی ساوار

muesli

دانەوێڵەی تێکەڵ

cornflakes

دانەی دانەوێڵە

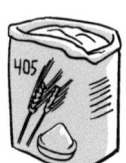

flour

ئارد

croissant

کرۆسانت، نانێکی فەرەنسی

bread roll

نانی خڕ

bread

نان

toast

نانی برژاو

biscuits

بسکیت

butter

کەرە، ڕۆنی کەرە

curd

سەرتوێژ، توێژ

cake

کەیک

egg

هێلکە

fried egg

هێلکەی برژاو

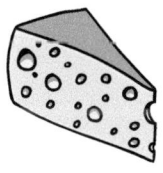

cheese

پەنیر

ice cream

بەستەنی، دۆندرمە

sugar

شەکر

honey

هەنگوین

jam

مرەبا

chocolate spread

خامەی نۆگات

curry

بەهارات

farm

مەزرا

goat

بزن

cow

مانگا

calf

گوێلک

pig

بەراز

piglet

فەرخە بەراز

bull

جوانەگا

goose

قاز

duck

مراوی

chick

جووچک

hen

مریشک

cock

کەڵەشێر

rat

جرج

cat

پشیلە

mouse

مشک

ox

گا

dog

سە، سەگ

doghouse

کونە سە

garden hose

سۆندە

watering can

تونگمی ئاودان

scythe

ماڵەغان

plough

گاسن

sickle

داس

hoe

مەڕە

pitchfork

شەنە

axe

تەور

wheelbarrow

عارەبانەی دەستیی

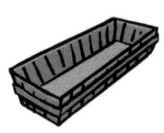

trough

دەفری خواردنی ئاژەڵان

milk can

دەفری شیر

sack

تەلیس

fence

پەرژین

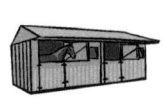

stable

تەویلە

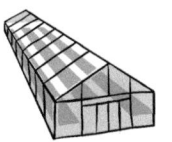

greenhouse

گوڵخانە

soil

خۆڵ

seed

دەنک، تۆک

fertilizer

پەین

combine harvester

کۆمباین

harvest

....

دروێنەکردن

harvest

....

خەرمان

yams

....

پەتاتە

wheat

....

گەنم

soy

....

لووبیا، فاسۆلیا

potato

....

پەتاتە

corn

....

گەنمەشامی

rapeseed

....

جۆرێک دەخڵودان

fruit tree

....

داری بەری

cassava

....

سێوبنەعەرزیلە

cereals

....

دانەوێلەی تێکەڵ

house
ماڵ، خانوو

living room
....
ژووری دانیشتن

bathroom
....
حەمام، ئاودەستخانە

kitchen
....
چێشتخانە

bedroom
....
ژووی خەو

child's room
....
ژووری منداڵ

dining room
....
ژووری نانخوارن

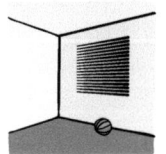

floor

....

داڵان، ئەرز

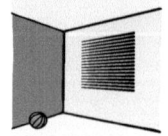

wall

....

دیوار

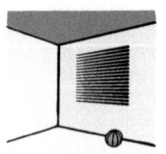

ceiling

....

بن میچ

cellar

....

ژێرزەمین

sauna

....

ساونا

balcony

....

باڵکۆن، هەیوان

terrace

....

هەیوان

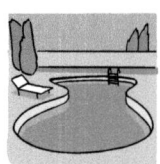

pool

....

حەوز، مەلەوانگە

lawn mower

....

گژوگیابڕ

sheet

....

مەلافە

bedspread

....

مەلافەی نوێن

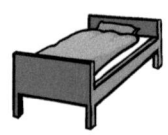

bed

....

پێخەف، نوێن

broom

....

گسک

bucket

....

سەتڵ

switch

....

سویچ، کلیل

living room

ژووری دانیشتن

carpet

....

فەرش

curtain

....

پەردە

table

....

مێز

chair

....

کورسی

rocking chair

....

کورسی ڕاژاندن

armchair

....

کورسی دەسکدار

book

کتێب

blanket

پەتوو، بەتانی

decoration

ڕازاندنەوە

firewood

داری سووتاندن

film

فیلم

hi-fi equipment

ستێریۆ

key

کلیل

newspaper

ڕۆژنامە

painting

نیگار، نیگارکێشان

poster

پۆستەر

radio

ڕادیۆ

notepad

تیانووس

hoover

گسکی کارەبایی

cactus

کاکتووس

candle

مۆم

kitchen
چێشتخانە

fridge
ساردکەر
microwave oven
مایکرۆوەیڤ
toaster
نان برژێن
detergent
دەرمانی خاوێنکردنەوە
oven
freezer
بەستێنەر
dishwasher
ئامێری قاپ شۆردن

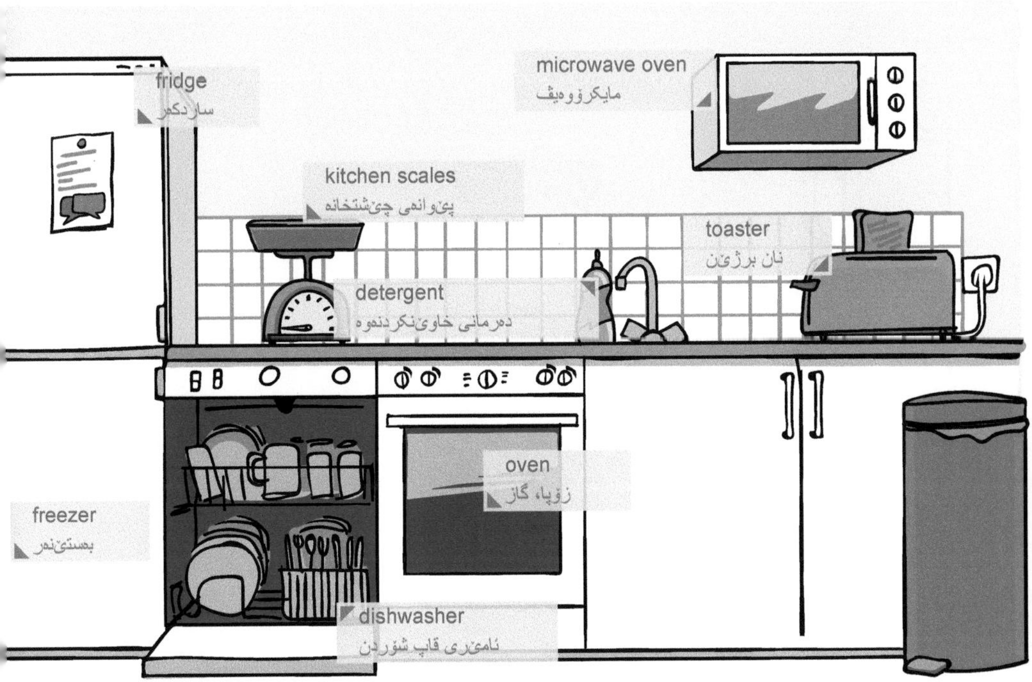

cooker
....
چێشتلێنەر

pot
....
مەنجەڵ

cast-iron pot
....
قاپی ئوتوو

wok / kadai
....
تاوەی قووڵ

pan
....
تاوە

kettle
....
کتری، ئاوگەمکەر

steamer

چێشتلێنەری هەڵمی

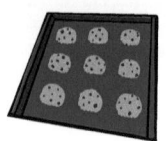

baking tray

کەشەفی نانکردن

crockery

قاپ و قاچاغ

mug

کۆپ

bowl

قاپ

chopsticks

چیلکەی نانخواردن

ladle

ئەسکوێ

spatula

کەوگیر

whisk

گسک

strainer

سووزمە

sieve

بێژنگ

grater

ئامێری جنینی پەنیر و سەوزە

mortar

دەستار

barbecue

برژاندن

open fire

ئاگر

chopping board

....

تەختەی وردکردن

rolling pin

....

تیرۆک

corkscrew

....

بورغی فلین

can

....

قوتوو

can opener

....

قوتووکەرەوە

pot holder

....

دەسرەی مەنجەڵ

sink

....

دەسشۆر

brush

....

فڵچە

sponge

....

ئیسفەنج

blender

....

تێکەڵکەر

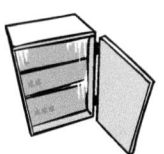

deep freezer

....

قەرەسی

baby bottle

....

شووشە شیر

tap

....

شێری ئاو

bathroom

حەمام، ئاودەستخانە

heating
زۆپا/گەرمکەر
shower
دووشی ئاو، خورژم
towel
خاولی
shower curtain
پەردەی حەمام
bubble bath
کەفی حەمام
bathtub
حەوزی حەمام
glass
لیوان، پەرداخ
washing machine
ئامێری دەفرشوتن
tap
tiles
کاشی
potty
ئاودەستی منداڵان
sink
دەستشۆر

toilet
ئاودەست، توالێت

squat toilet
توالێتی نزم، ئاودەست

bidet
جۆرێک توالێت

urinal
توالێت، ئاودەست

toilet paper
کاغەزی ئاودەستخانە

toilet brush
فڵچەی ئاودەستخانە

toothbrush

....

فڵچەی ددان

toothpaste

....

خەمیری ددان

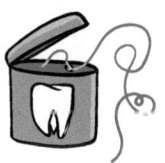

dental floss

....

بەنی ددان

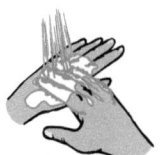

wash

....

شۆردن، شوتن

handheld shower

....

خورژمی دەستی

douche

....

دووش

basin

....

کاسەی دەستوچاوشوتن

back brush

....

فڵچەی پشت

soap

....

سابوون

shower gel

....

جێڵی خۆشوتن

shampoo

....

شامپۆ

flannel

....

فلانێل

drain

....

ئاوەڕۆ

cream

....

کرێم

deodorant

....

بۆنخۆشکەرە

mirror
....
ئاوێنە

hand mirror
....
ئاوێنەی دەستی

razor
....
مەکینەی ڕیش تاشین

shaving foam
....
سابوونی ڕیش تاشین

aftershave
....
کرێمی دوای ڕیش تاشین

comb
....
شانە

brush
....
فڵچە

hair dryer
....
سێشوار، سەرئیشککەرەوە

hairspray
....
سپرەی قژ

makeup
....
سووراوسپیاو

lipstick
....
سووراو

nail varnish
....
ڕەنگی نینۆک

cotton wool
....
لۆکە

nail scissors
....
مەقەستی نینۆک

perfume
....
عەتر

washbag

....

کیسەی حەمام

stool

....

کورسی بێ پشت

weighing scale

....

پێوەر

bathrobe

....

خاولی حەمام

rubber gloves

....

دەستەوانەی چەرم

tampon

....

تامپۆن

sanitary towel

....

خاولی خاوێنکردنەوە

chemical toilet

....

ئاودەستی کیمیایی

child's room

ژووری منداڵ

alarm clock
سەعاتی زەنگدار
cuddly toy
گەمەی شیرن
toy car
ماشێنی یاری
rattle
شەقشەقەی منداڵ
doll's house
خانووی بووکەشووشە
present
دیاری

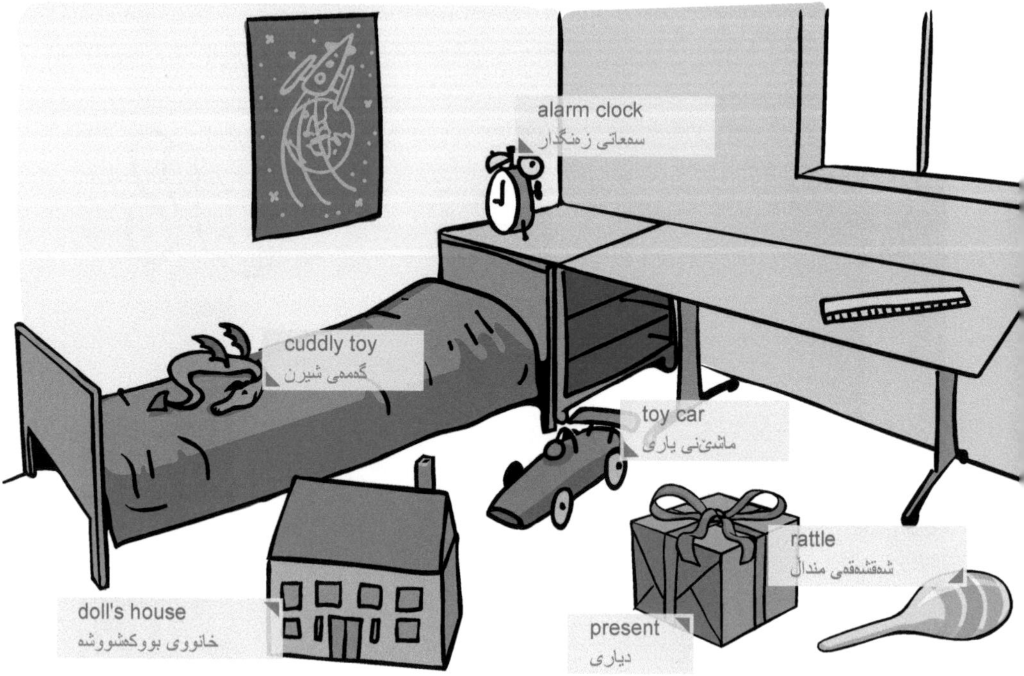

balloon

باڵۆن

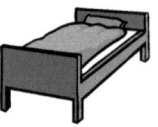

bed

پێخەف، نوێن

pram

داشقەی منداڵ

deck of cards

گەمەی کارت

jigsaw

مەتەڵ، مەتەڵۆک

comic

کۆمێدی

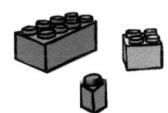

lego bricks

خشتی لێگۆ

building blocks

خشتی یاری

action figure

بووکە شووشە

babygrow

جلی منداڵ

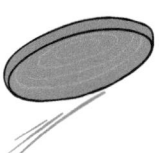

frisbee

یاری فریزبی

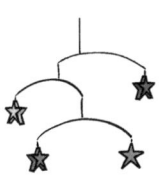

mobile

بزۆک، جووڵێنراو

board game

یاری تەختە

dice

مۆرە

model train set

مۆدێلی شەمەندەفەر

dummy

مەمکە مژە

party

میوانی، جەژن

picture book

کتێبی وێنەدار

ball

تۆپ

doll

بووکەشووشە

play

کایە کردن، یاری کردن

sandpit

قۆرتی خیزوخۆڵ

swing

جۆلانە

toys

کایەی منداڵان، یاری منداڵان

video game console

گەمەی ویدیۆیی

tricycle

سێچەرخە

teddy bear

ورچی یاری

wardrobe

کەنتۆر

clothing

جلوبەرگ

socks

گۆرەوی

stockings

گۆرەوی درێژ

tights

گۆرەوی درێژ

scarf
شالی مل

umbrella
چەتر

t-shirt
کراس

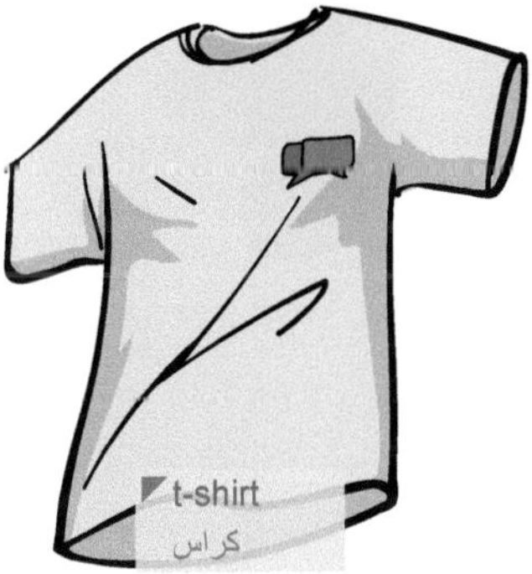

belt
قایش، پشتێن

trainers
پێڵاو

boots
چەکمە، پۆتین

slippers
پێڵاوی ماڵ

sandals

پاپوچ

shoes

کەوش، پێڵاو

rubber boots

چەکمەی چەرم

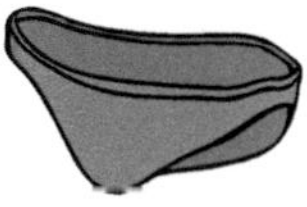

underpants

پانتۆڵی ژێرەوە

bra

ستیان، سوخمە

vest

جلیسقە

body

جەستە، لەش

trousers

پانتۆڵ

jeans

پانتۆڵ

skirt

دامەن، تەنوورە

blouse

کراس

shirt

کراس

pullover

بلووز

hoodie

بلووز

blazer

چاکەت

jacket

چاکەت

coat

باڵتە

raincoat

بارانی

costume

پۆشاک

dress

کراسی ژنانە

wedding dress

جلی زەماوەند

suit

چاکەت، و پانتۆڵ

nightgown

جلی خەو

pyjamas

جلی، خەو

sari

ساری

headscarf

لەچکە

turban

جەمەدانە، سەرپێچ

burqa

بۆرکا

kaftan

کەفتان

abaya

عەبا

swimsuit

جل و بەرگی مەلەکردن

trunks

پانتۆڵی مەلە

shorts

پانتۆڵی کورت

tracksuit

جلوبەرگی ڕاهێنان

apron

بەروانکە، بەرکوشە

gloves

دەستەوانە

button
دوگمە

glasses
چاویلکە

bracelet
بازنە

necklace
ملوانکە

ring
ئەنگوستیلە

earring
گوارە

cap
کڵاو

coat hanger
داری جل هەڵواسین

hat
کڵاو

tie
بۆینباخ

zip
زیپ

helmet
کڵاوی پارێزەر

braces
هەڵگر

school uniform
جلی قوتابخانە

uniform
یەکپۆش

bib

بەرلیکە، بەرکۆشی منداڵ

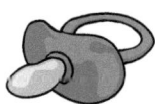

dummy

مەمکە مژە

nappy

دایبی، پەڕۆشۆر

office

نووسینگە، فەرمانگە

server
ڕاژە
filing cabinet
دۆڵابی بەڵگە
printer
چاپکەر
paper
کاغەز
monitor
مۆنیتۆر، پیشانگەر
desk
مێزی نووسین
mouse
ماوس
folder
بۆخچە
keyboard
تەختەکلیل
chair
کورسی
waste-paper basket
سەبەتەی کاغەز
computer
کۆمپیوتەر

coffee mug

کۆپی قاوە

calculator

ژمێرەر

internet

ئینتەرنێت

laptop

لەپتۆپ

letter

نامە

message

پەیام

mobile

موبایل، تەلەفۆنی دەست

network

تۆڕ

photocopier

ئامێری لەبەرگرتنەوە، کۆپیکەر

software

نەرمەکالا

telephone

تەلەفۆن

plug socket

ساکێتی دووشاخە

fax machine

ئامێری فەکس

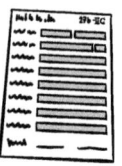

form

فۆرم

document

بەڵگە

buy

کڕین

pay

پارەدان

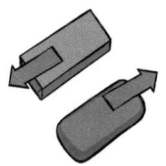

trade

بازرگانی، ئاڵوگۆڕکردن

money

پارە، دراو

dollar

دۆلار

euro

یۆرۆ

yen

یەن

rouble

ڕوبڵی ڕووسی

Swiss franc

فرانکی سویسی

renminbi yuan

یوان، یەکەی دراوی چینی

rupee

ڕووپییە

cashpoint

مەکینەی پارە

bureau de change

نووسینگەی گۆڕینەوەی دراو

gold

زێڕ

silver

زیو

oil

نەوت

energy

وزە

price

بەها، نرخ

contract

ڕێکەوتننامە

tax

باج

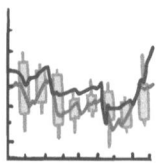

stock

سەهام

work

کارکردن

employee

کارمەند، کارکەر

employer

خاوەنکار

factory

کارخانە

shop

دووکان

occupations

ئیشەکان

police officer
فەرمانبەری پولیس
fireman
ئاگرکووژێنەر
cook
چێشتلێنەر
doctor
دکتۆر
pilot
فڕۆکەوان

gardener

باخەوان

carpenter

دارتاش، مەرەنگوێز

seamstress

خەییات

judge

دادوەر

chemist

کیمیازان

actor

شانۆگەر، شانۆکار

bus driver

شۆفیری پاس

taxi driver

شۆفیر تاکسی

fisherman

ماسیگر

cleaning lady

کڵفەت

roofer

وەستای سەربان

waiter

خزمەتکار

hunter

ڕاوچی

painter

بۆیاخچی

baker

نانکەر

electrician

کارەباچی

builder

بەننا

engineer

ئەنازیار

butcher

قەساب

plumber

وەستای بۆری

postman

پۆستەچی

soldier

سەرباز

architect

نەخشەکێش

cashier

ژمێریار، خەزەندار

florist

گوڵفرۆش

hairdresser

ئارایشگەر

conductor

گەیێنەر

mechanic

میکانیک

captain

کەشتیوان

dentist

ددانساز، دوکتوری ددان

scientist

زانا

rabbi

مەڵای جوولەکان

imam

ئیمام

monk

کەسی ئایینی

clergyman

قەشە

tools

ئامراز و کەرەستە

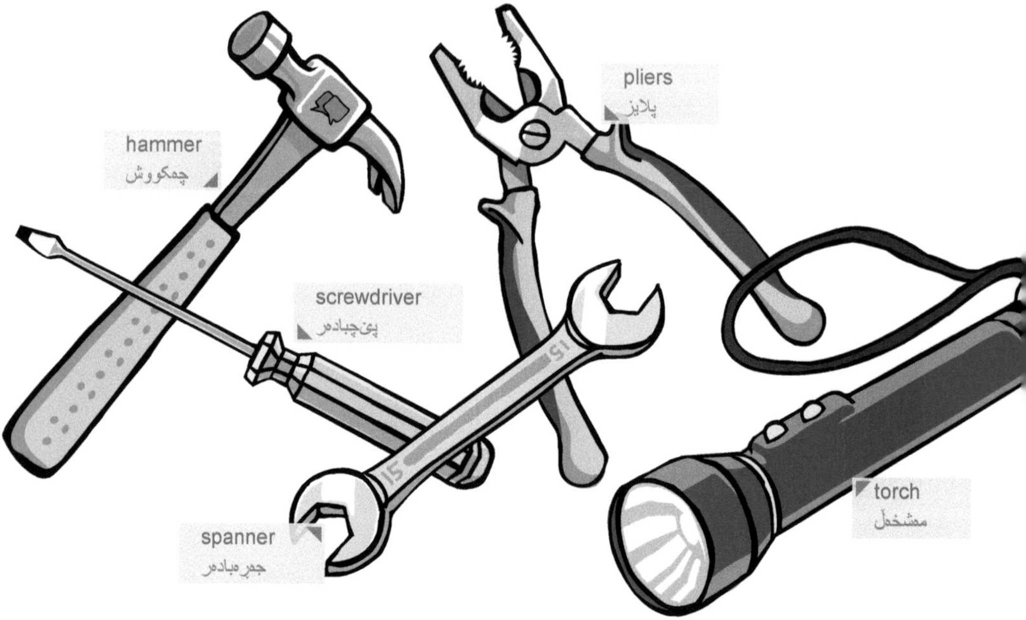

hammer
چەکووش
pliers
پلایز
screwdriver
spanner
torch

digger

شۆفڵ

toolbox

سندووقی ئامراز

ladder

پەیژە

saw

مشار

nails

بزمارەکان

drill

کونکەرە

repair

چاککردنەوە

shovel

پێمەرە

Damn!

نەفرەت!

dustpan

خاکەناز

paint pot

قتووی بۆیاخ

screws

پێچمکان، جمڕەکان

musical instruments

ئامێرەکانی مووزیک

loudspeaker
قسەکەر، بڵندگۆ
drum kit
تاقمی تەپڵ
guitar
گیتار
double bass
جۆری گیتار
trumpet
زورنا

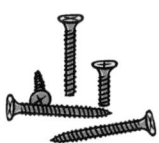

piano

پیانۆ

violin

کەمانچە

bass

گیتار

timpani

دەهۆڵ

drums

تەپڵ

keyboard

تەختەکلیل

saxophone

ساکسافۆن

flute

فلووت، شمشاڵ

microphone

مایکرۆفۆن

باخچەی ئاژەڵان

entrance
tiger
cage
قەفەز
zebra
کەرەکێوی
animal feed
خواردنی ئاژەڵان
panda
ورچی پاندا

animals

ئاژەڵەکان

elephant

فیل

kangaroo

کانگورۆ

rhino

کەرکەدەن

gorilla

گۆریلا

bear

ورچ

camel

وشتر

ostrich

وشترمریشک

lion

شێر

monkey

مەیموون

flamingo

فڵامینگۆ

parrot

تووتی

polar bear

ورچی جەمسەری

penguin

پێنگوین

shark

قرش، سەگەماسی

peacock

تاووس

snake

مار

crocodile

تیمساح

zookeeper

پارێزەری باخچەی ئاژەڵان

seal

سەگی دەریایی

jaguar

پڵینگ

pony

....

ئەسپی قەزەم

leopard

....

پشیلەی پڵینگی

hippo

....

ئەسپی ئاوی

giraffe

....

زەرافە

eagle

....

هەڵۆ

boar

....

بەرازی کێوی

fish

....

ماسی

turtle

....

کیسەڵ

walrus

....

واڵڕاس، ئاژەڵێکی دەریایی

fox

....

ڕێوی

gazelle

....

ئاسک

sports

وەرزش

American football
تۆپیپێی ئەمریکی
cycling
دووچەرخەلێخورین
tennis
تێنیس
basketball
تۆپی باسکە
swimming
مەلەکردن
boxing
بۆکسێن
ice hockey
هۆکی سەر سەهۆڵ

football

فووتبۆڵ

badminton

بەدمینتۆن

athletics

وەرزشوان

handball

هەندباڵ

skiing

خلیسکێن

polo

پۆلۆ

laugh
پێکەنین
jump
بازکردن
hug
لەباوەشگرتن، لەئامێزگرتن
walk
بەرێدارۆیشتن، پیاسەکردن
sing
گۆرانی خوێندن
dream
خەون دیتن، خەون بینین
pray
پارانەوە، نوێژکردن
kiss
ماچکردن

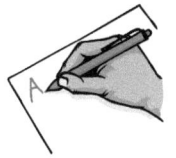

write

نووسین

draw

وێنەکێشان

show

نیشاندان

push

پاڵ پێوەنان

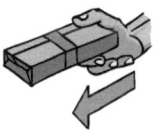

give

دان

take

هەڵگرتن

have

همبوون

do

کردن

be

بوون

stand

ڕاوەستان

run

هەڵاتن

pull

کێشان

throw

هاویشتن

fall

کەوتن

lie

درۆ کردن

wait

چاوەڕێبوون

carry

هەڵگرتن

sit

دانیشتن

get dressed

جل لەبەر کردن

sleep

خەوتن

wake up

لەخەو هەستان

look at

چاولێکردن

cry

گریان

stroke

جەڵتەلێدان

comb

قژداهێنان، شانەکردن

talk

قسەکردن

understand

تێگەیشتن

ask

پرسیارکردن، پرسین

listen

گوێڕاگرتن

drink

خواردنەوە

eat

خواردن

tidy up

ڕێکوپێک کردن

love

خۆشویستن

cook

چێش لێنان

drive

شۆفێریکردن

fly

فڕین

sail

گەشتیوانی

calculate

حسابکردن، ژماردن

read

خوێندنەوە

learn

فێربوون

work

کارکردن

marry

زەماوەندکردن

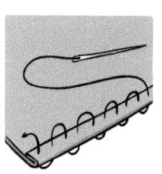

sew

دورین، دورومانکردن

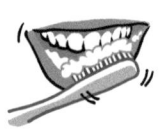

brush teeth

فڵچە لەددان دان

kill

کوشتن

smoke

جگەرەکێشان

send

ناردن

family

بنەماڵە

grandmother
دایەگەورە
grandfather
باوەگەورە
father
باوک، باب
mother
دایک
baby
منداڵی ساوا
daughter
کچ
son
کوڕ

guest

میوان

aunt

پوور

uncle

مام، خاڵ

brother

برا

sister

خوشک

body
جەستە، لەش

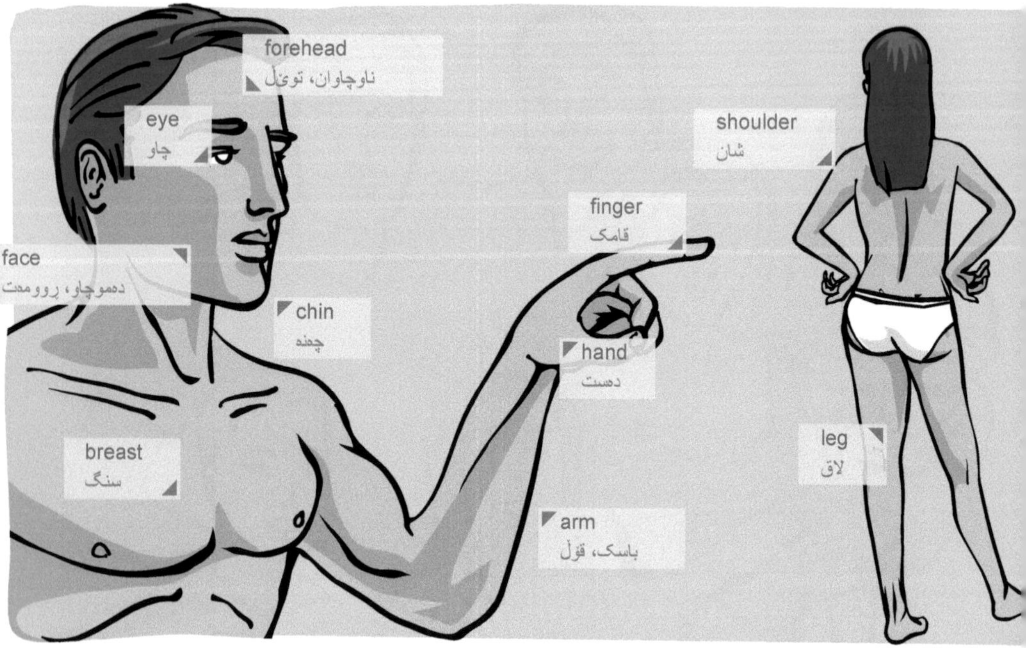

forehead
ناوچاوان، توێڵ
eye
چاو
shoulder
شان
finger
قامک
face
دەموچاو، ڕوومەت
chin
چەنە
hand
دەست
breast
سنگ
leg
لاق
arm
باسک، قۆڵ

baby
منداڵی ساوا

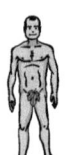

man
پیاو

woman
ژن

girl
کچ

boy
کوڕ

head
سەر

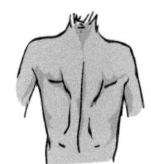

back

پشت

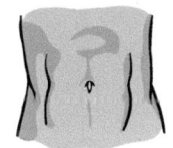

belly

زگ

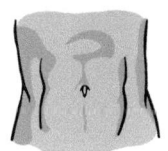

belly button

ناوک

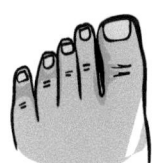

toe

قامکی پێ

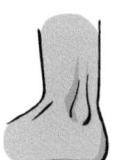

heel

پاژنەی پێ

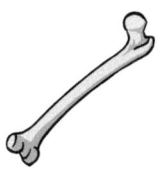

bone

ئێسقان، ئێسک

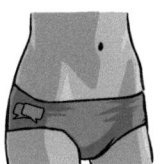

hip

سمت

knee

ئەژنۆ

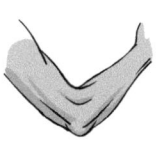

elbow

ئانیشک

nose

لووت

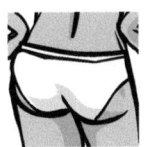

bottom

قوون

skin

پێست

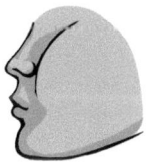

cheek

گوپ

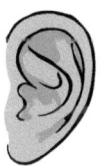

ear

گوێ

lip

لێو

mouth

دەم، زار

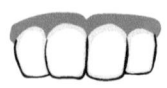

tooth

ددان

tongue

زمان

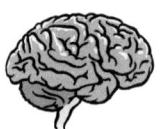

brain

مێشک

heart

دڵ

muscle

ماسوولکە

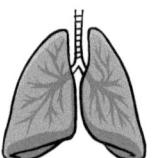

lung

سیپەلاک، سی

liver

جەرگ

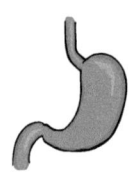

stomach

گەدە

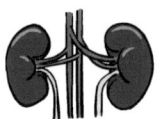

kidneys

گورچیلە

sex

سێکس

condom

کۆندۆم

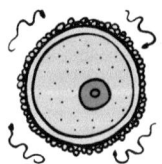

ovum

توو، گەرا

semen

تۆو

pregnancy

دووگیانی

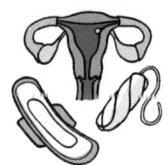

menstruation

....

کەوتنە سەر خوێن

vagina

....

زێ

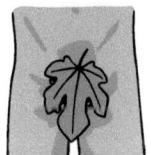

penis

....

کێر

eyebrow

....

برۆ

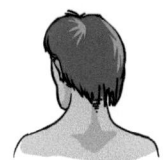

hair

....

قژ

neck

....

مل

hospital
نەخۆشخانە، خەستەخانە

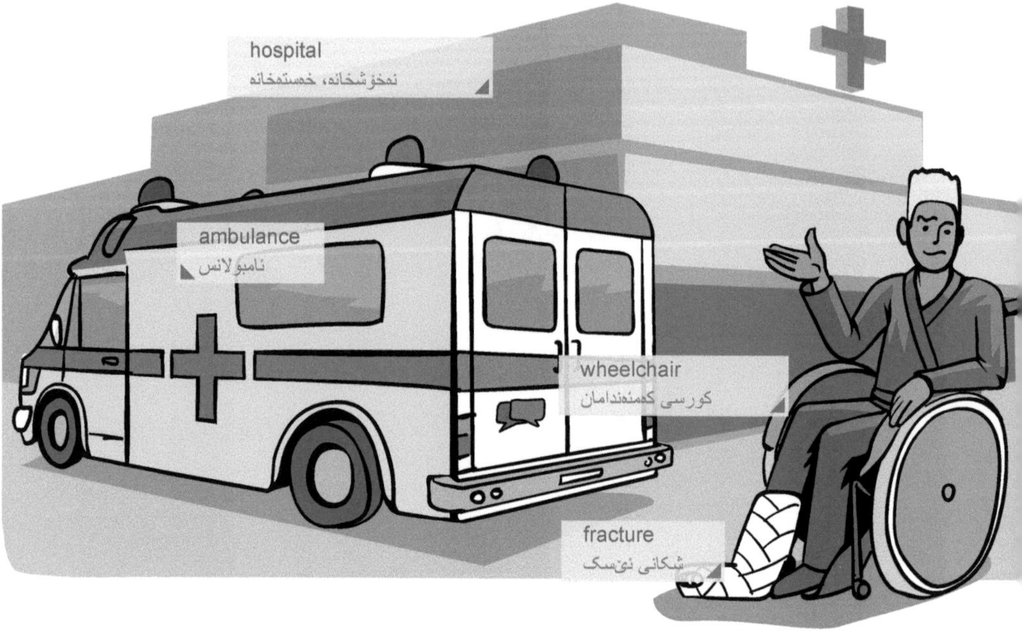

ambulance
ئامبولانس
wheelchair
کورسی کەمئەندامان
fracture
شکانی ئێسک

doctor
دکتۆر

emergency room
ژووری فریاکەوتن

nurse
نەخۆشوان

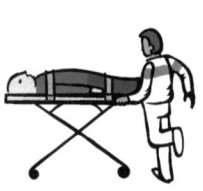

emergency
ئورژانس، بەشی فریاکەوتن

unconscious
بێهۆش

pain
ژان، ئێش

injury

....

برینداری

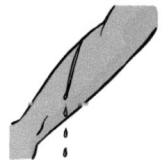

bleeding

....

خوێنڕێژی

heart attack

....

جەڵتەی دڵ

stroke

....

جەڵتە

allergy

....

ئالێرژی، هەستیاری

cough

....

کۆخە

fever

....

تا

flu

....

ئەنفلۆنزا

diarrhoea

....

زگچوون

headache

....

سەرئێشە، ژانەسەر

cancer

....

سەرەتان

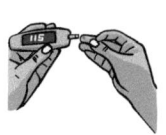

diabetes

....

شەکرە

surgeon

....

نەشتەرگەر

scalpel

....

نەشتەر، چەقۆی توێکاری

operation

....

نەشتەرگەری

CT

CT

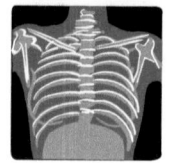

x-ray

تیشکی ئێکس

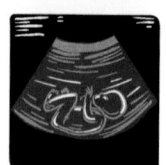

ultrasound

ئولْتراساوند

face mask

ماسکی ڕوومەت

disease

نەخۆشی

waiting room

ژووری چاوەڕێبوون

crutch

گۆچان

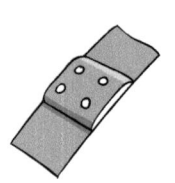

plaster

مشەما

bandage

برین پێچ

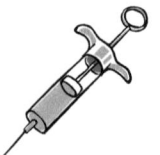

injection

دەرزی لێدان

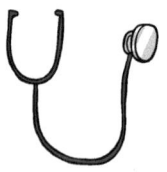

stethoscope

بیستۆکی پزیشک

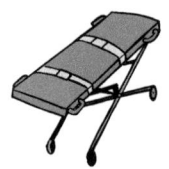

stretcher

داربەست

clinical thermometer

گەرماپێوی کلینیکی

birth

لەدایکبوون

overweight

زیادەکێشد/قەڵەویی

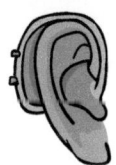

hearing aid

بیستۆک

disinfectant

مێکرۆبکوژ

infection

چڵک

virus

ویروس

HIV / AIDS

ئەیدز

medicine

دەرمان

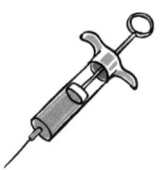

vaccination

کوتان

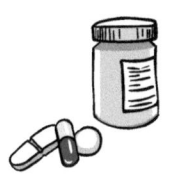

tablets

حەب

pill

حەب

emergency call

تەلەفۆنی فریاکەوتن

blood pressure monitor

پێشانگەری پەستانی خوێن

ill / healthy

نەخۆش / سڵامەت

emergency

ئورژانس، بەشی فریاکەوتن

Help!

یارمەتی!

alarm

ئاگادارکردنەوە، ئەلارم

assault

دەستدرێژی

attack

هێرشکردن

danger

مەترسی

emergency exit

چوونەدەرەوەی ئورژانس

Fire!

ئاگر!

fire extinguisher

ئاگرکوژێنەوە

accident

ڕووداو، پێشهات

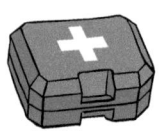

first-aid kit

قوتووی یارمەتی فریاکەوتن

SOS

SOS

police

پولیس

Earth

ئەرز، زەوی

Europe

ئەورۆپا

North America

ئەمریکای باکوور

South America

ئەمریکاری باشوور

Africa

ئافریقا

Asia

ئاسیا

Australia

ئوستراليا

Atlantic

ئەتڵەسی، ئۆقیانووسی ئەتڵەسی

Pacific

زەریای هێمن

Indian Ocean

ئۆقیانووسی هیندی

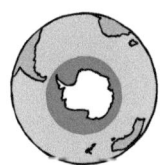

Antarctic Ocean

ئۆقیانووسی جەمسەری باشوور

Arctic Ocean

ئۆقیانووسی جەمسەری باکوور

North Pole

جەمسەری باکوور

South Pole

جەمسەری باشوور

Antarctica

ناوچەی جەمسەری باشوور

Earth

ئەرز، زەوی

land

خاک، وشکانی

sea

دەریا، زەریا

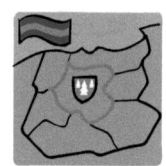

island

دوورگە

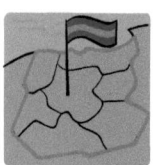

nation

گەل، نەتەوە

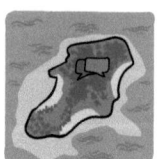

state

وڵات، پارێزگا، دەوڵەت

clock
کاتژمێر

clock face

روخساری کاتژمێر

hour hand

نیشاندەری کاتژمێر

minute hand

نیشاندەری خولەک

second hand

دەستی دوو

What time is it?

کاتژمێر چەندە؟، سەعات چەندە؟

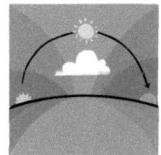

day

ڕۆژ

time

کات، زەمان

now

ئێستا، هەنووکە

digital watch

کاتژمێری دیجیتاڵی

minute

خولەک

hour

کاتژمێر

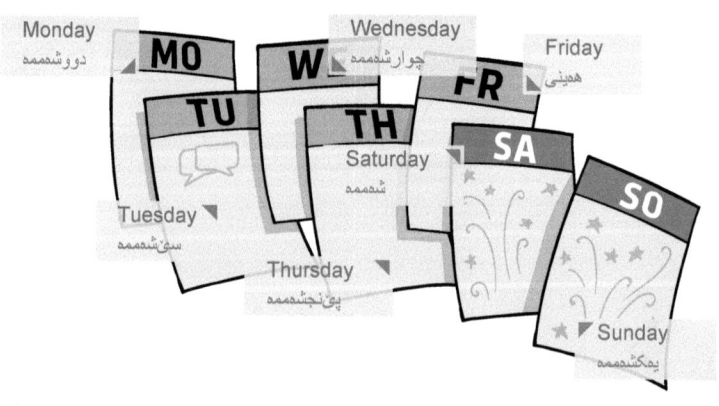

week

هەفتە

Monday
دووشەممە
MO
TU
W
Wednesday
چوارشەممە
TH
FR
Friday
هەینی
SA
SO
Saturday
شەممە
Tuesday
سێشەممە
Thursday
پێنجشەممە
Sunday
یەکشەممە

TUE
MON
2
1

yesterday

....

دوێنێ

TUE
2

today

....

ئەمڕۆ، ئەوڕۆ

TUE
3

tomorrow

....

سبەینێ

morning

....

بەیانی

noon

....

نیوەڕۆ

evening

....

ئێوارە

MO TU WE TH FR SA SU
1 2 3 4 5 6 7
8 9 10 11 12 13 14
15 16 17 18 19 20 21
22 23 24 25 26 27 28
29 30 31 1 2 3 4

business days

....

ڕۆژی کار

MO TU WE TH FR SA SU
1 2 3 4 5 6 7
8 9 10 11 12 13 14
15 16 17 18 19 20 21
22 23 24 25 26 27 28
29 30 31 1 2 3 4

weekend

....

کۆتایی هەفتە

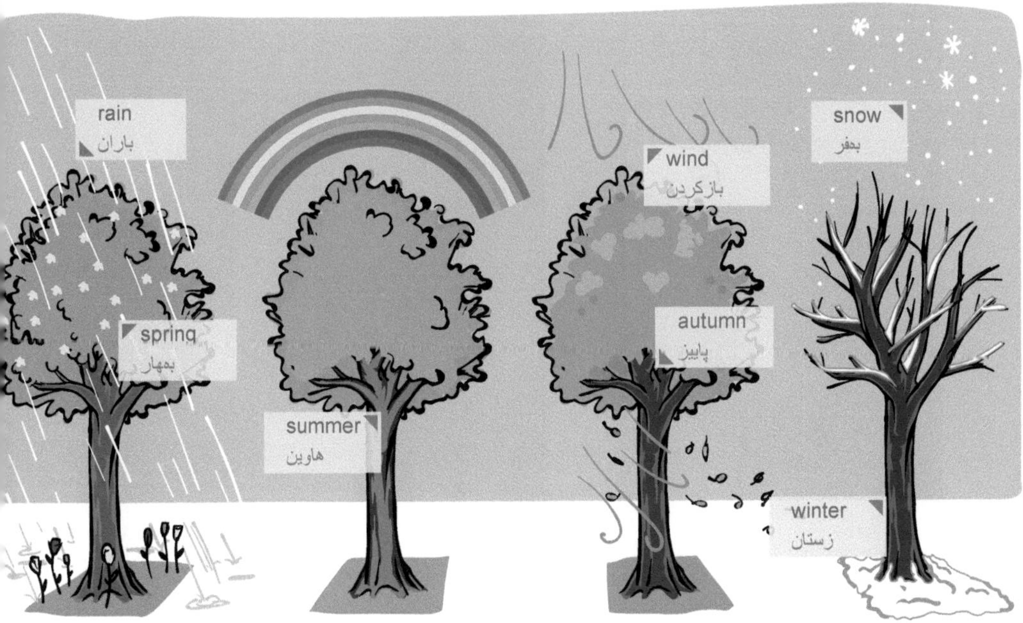

rain
باران
spring
بەهار
summer
هاوین
wind
autumn
پاییز
snow
بەفر
winter
زستان

weather forecast

پێشبینی هەوا

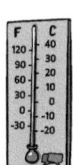

thermometer

گەرماپێو

sunshine

خۆرەتاو

cloud

هەور

fog

تەمومژ

humidity

تەڕایی

lightning
هەورەتریشقە، بروسکە

thunder
هەورەگرمە

storm
باوبۆران، تۆفان

hail
تەرزە

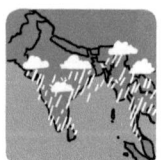

monsoon
مانسوون

flood
لافاو

ice
سەهۆڵ

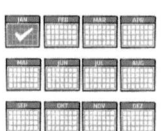

January
جانیوەری

February
فێبریوەری

March
مارچ

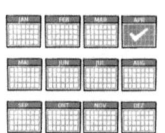

April
ئەیپریل

May
مەی

June
جوون

July
جوولای

August
ئۆگوست

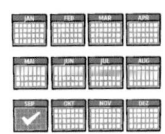

September

سێپتەمبەر

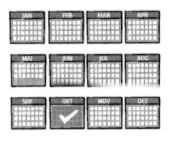

October

ئۆکتۆبەر

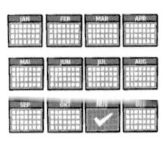

November

نۆڤەمبەر

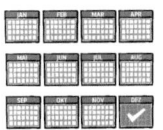

December

دیسەمبەر

shapes

شێوەکان

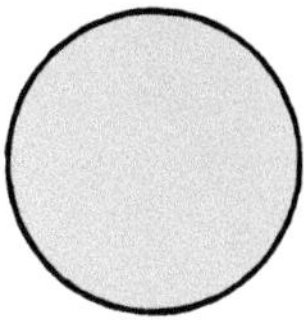

circle

بازنە

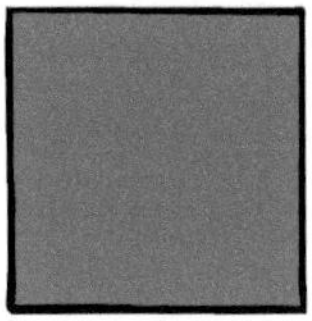

square

چوارگۆشە

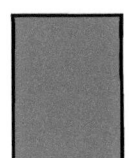

rectangle

چوارگۆشەی درێژ

triangle

سێگۆشە

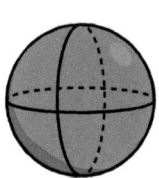

sphere

تۆپ، گۆ

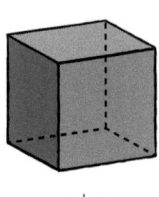

cube

خشتەک

colours

ڕەنگەکان

white

سپی

yellow

زەرد

orange

پرتەقاڵیی

pink

پەمەیی

red

سوور

purple

بنەوش

blue

شین

green

سەوز

brown

قاوەیی

grey

بۆر

black

ڕەش

a lot / a little

....

زۆر / کەم

angry / calm

....

تووڕە / لەسەرەخۆ

beautiful / ugly

....

جوان / ناحەز

beginning / end

....

سەرەتا / کۆتایی

big / small

....

گەورە / چکۆلە

bright / dark

....

ڕووناک / تاریک

brother / sister

....

برا / خوشک

clean / dirty

....

خاوێن / چڵکن

complete / incomplete

....

تەواو / ناتەواو

day / night

....

ڕۆژ / شەو

dead / alive

....

مردوو / زیندوو

wide / narrow

....

پان / تەنگ

edible / inedible

خۆش / ناخۆش

evil / kind

نەگریس / بەبەزەیی

excited / bored

وروژاو / بێزار

fat / thin

قەڵەو / لاواز

first / last

یەکەم / ئاخر

friend / enemy

دۆست / دوژمن

full / empty

پڕ / خاڵی

hard / soft

ڕەق / نەرم

heavy / light

قورس / سووک

hunger / thirst

برسی / توونی

ill / healthy

نەخۆش / سڵامەت

illegal / legal

نایاسایی / یاسایی

intelligent / stupid

زیرەک / گەمژە

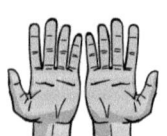

left / right

چەپ / ڕاست

near / far

نزیک / دوور

new / used

نوێ / کۆن، بەکارهاتوو

nothing / something

هیچ شتێک / شتێک

old / young

پیر / لاو

on / off

هەڵکراو / کوژاوە

open / closed

کراوە / داخراو

quiet / loud

بێدەنگ / دەنگی بەرز

rich / poor

دەوڵەمەند / هەژار

right / wrong

ڕاست / هەڵە

rough / smooth

زبر / ساف

sad / happy

خەمین / خۆشحاڵ

short / long

کورت / درێژ

slow / fast

هێواش / خێرا

wet / dry

تەڕ / وشک

warm / cool

گەرم / فێنک

war / peace

شەڕ / ئاشتی

numbers

ژمارەکان

0	1	2
zero	one	two
سیفر	یەک	دوو

3	4	5
three	four	five
سێ	چوار	پێنج

6	7	8
six	seven	eight
شەش	حەوت	هەشت

9	10	11
nine	ten	eleven
نۆ	دە	یازده

12

twelve

دوازده

13

thirteen

سێزده

14

fourteen

چوارده

15

fifteen

پازده، پانزه

16

sixteen

شازده

17

seventeen

حەفدە

18

eighteen

هەژده

19

nineteen

نۆزده

20

twenty

بیست

100

hundred

سەد

1.000

thousand

هەزار

1.000.000

million

میلیۆن

languages

زمانەکان

English

ئینگلیزی

American English

ئینگلیزی ئەمریکی

Chinese Mandarin

چینی ماندارین

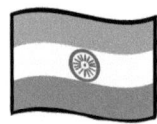

Hindi

هێندی

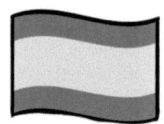

Spanish

ئیسپانی

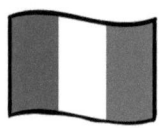

French

فەرەنسی

Arabic

عەرەبی

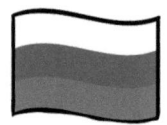

Russian

ڕووسی

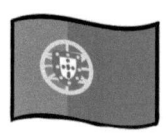

Portuguese

پۆرتوگالی

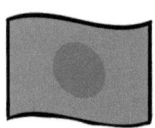

Bengali

بەنگالی

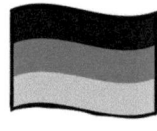

German

ئاڵمانی

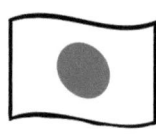

Japanese

ژاپۆنی

who / what / how

کێ / چی / چۆن

I

من

you

تۆ

he / she / it

ئەو

we

ئێمە

you

ئێوە

they

ئەوان

who?

کێ؟

what?

چی؟

how?

چۆن؟

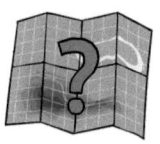

where?

لەکوێ؟

when?

کەنگێ؟ کەی؟

name

ناو

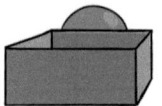

where

شوێن

behind

لەپشت

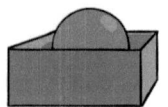

in

لە

in front of

لەپێش

over

سەری

on

لەسەر

under

ژێر

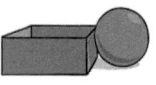

beside

لە تەنیشت

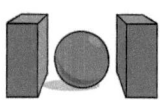

between

لەنێوان

place

شوێن، جێ